MA MÈRE SE REMARIE !

La famille recomposée

Collection dirigée par Anne de La Roche Saint-André et Brigitte Ventrillon

Ma mère se remarie !, Autrement Junior "Société",
publié par les Éditions Autrement,
17, rue du Louvre, 75001 Paris
Tél : 01 40 26 06 06 - Fax : 01 40 26 00 26

ISSN : 1269-8733 - ISBN : 2-7467-0051-4
Dépôt légal : 1er trimestre 2001
Direction artistique : Kamy Pakdel, studio Autrement
Photogravure : Quat'Coul, Toulouse
Imprimé et broché en France par Clerc s.a.
18206 Saint-Amand-Montrond.

MA MÈRE SE REMARIE !

La famille recomposée

Texte de Vanessa Rubio

avec une histoire de Sophie Dieuaide

Illustrations de Bruno Gibert

AUTREMENT JUNIOR

série "Société"

Nous vivons dans une société dont l'organisation est le fruit d'une histoire et dont le fonctionnement répond à des règles, qui évoluent sans cesse. Ces repères, essentiels pour vivre ensemble, sont présentés dans ce livre dans leur diversité. Des points de vue différents, la connaissance des lois et des usages permettront ainsi à chacun de se construire un avis personnel.

SOMMAIRE

L'HISTOIRE Sophie Dieuaide

J'ai armé mon tir. Le goal était dans les choux, le but ouvert à gauche. C'est vrai que je n'avais pas besoin de faire ça, j'aurais marqué de toute façon. J'ai dégommé le goal à deux mètres. Paf ! en plein dans le nez !

Ils m'ont tous regardé, sidérés, et le prof m'a envoyé dans les vestiaires. "Si tu as des comptes à régler, Alexandre, ça ne sera pas pendant mes cours."
"T'es dingue ! s'est exclamé Lucien en me rejoignant.
– Laisse tomber ! ai-je rétorqué. Je suis énervé, c'est ce soir...
– Nooooon ?
– Si ! À sept heures ! Ils s'installent chez nous, mon futur beau-père, son fils et même leur chien... Tu te rends compte, même le chien..."
Lucien a rigolé.
"Ç'aurait pu être pire ! T'imagines s'il avait huit gosses !"
J'ai grogné. Lucien rigolait toujours.
"Pire : huit filles. Et un chat. Et des cochons d'Inde. Imagine l'odeur dans ta chambre, des cochons d'Inde !"
J'ai quitté le vestiaire, j'ai quitté le gymnase, j'ai quitté le collège. Oui, je me sentais soutenu par mes copains, y'a pas de doute.

Ma mère était rentrée de son travail avant mon arrivée. Pour Jean et son petit trésor, elle faisait un effort. J'ai claqué la porte. Elle a fait semblant de ne pas le remarquer, et moi, j'ai fait semblant de ne pas remarquer qu'elle ne l'avait pas remarqué. J'annonçais seulement la couleur.
Sans un bonjour, sans un mot, je me suis dirigé vers ma chambre, mais là, j'ai cru que j'allais m'évanouir. Elle lui avait déjà installé son lit, à l'autre, au Frédéric. Mon bureau avait émigré sous la fenêtre. J'ai fait le tour, il manquait mes caisses de Lego.
"Mes Legooooooo !"
J'ai hurlé dans le couloir :
"Je veux mes Legooooooo !
– Tu ne joues plus avec depuis l'école primaire, a dit calmement ma mère. Il fallait bien que j'enlève deux ou trois choses. Et... ne recommence pas ! Nous avons parlé cent fois de tout ça. Si nous avions trois chambres, je m'arrangerais autrement, mais en attendant de déménager, sois un peu compréhensif..."

Compréhensif ! Et puis quoi encore ? Ils commencent par vous voler vos Lego, et puis un jour ils mettent votre lit à la cave pour installer le panier du chien ! Et quel chien, d'abord ? Eux, je les avais déjà vus, mais pas lui ! J'aurais parié pour un genre pitbull ou, pire, un yorkshire, en tout cas, un truc que je n'aime pas.

Je suis retourné dans ma chambre. J'avais prévenu ma mère. Si je ne pouvais pas les empêcher de nous envahir, je pouvais toujours refuser de leur parler, et même de leur répondre. En attendant, j'avais quelques bricoles à finir. Frédéric s'installait dans ma chambre, il fallait que je soigne la décoration.

J'ai pété l'ampoule de sa lampe de chevet. J'ai arraché les cinq dernières pages de la bande dessinée (une nouvelle !) que ma mère avait déposée sur son lit. Bon ! Il n'aurait pas la fin de l'histoire, mais je trouvais son petit coin encore bien agréable. J'ai décroché mes posters. Je suis un costaud, en deux temps, trois mouvements, j'ai déplacé l'étagère. Le lit semblait coincé entre deux remparts. C'était parfait, c'était carcéral. Le Frédéric n'allait pas être déçu du voyage, lui qui devait se réjouir à l'avance de se vautrer dans ma chambre et de tripoter mes affaires. J'étais satisfait, il était déjà 18 h 30, j'avais juste le temps d'aller saboter le dîner.
Ce n'était pas trop difficile, ma mère n'est pas douée en cuisine. Elle essayait de se rattraper en soignant la présentation. J'ai attendu qu'elle sorte. 18 h 45, j'ai resalé les plats.
19 heures. 19 h 15. 19 h 30. Quand on débarque chez les autres de force, le minimum, c'est d'être à l'heure. 19 h 52, je n'y tenais plus. Je suis allé guetter dans l'escalier, à l'étage du dessus pour éviter qu'ils ne me surprennent.
J'étais dans le noir, à plat ventre sur le palier du troisième, quand je les ai entendus arriver.
J'en ai pas cru mes oreilles.
"Plutôt mourir que de dormir dans la chambre de cet imbécile ! criait Frédéric.
– Tais-toi ! On en a discuté deux cents fois", a répondu Jean, moins calmement que ma mère.
Leur chien a jappé. Un poilu, pas trop moche.
"Alexandre va jouer les propriétaires ! criait encore Frédéric. Je vais avoir droit au discours : "J'te préviens, c'est ma chambre et gnagnagni et gnagnagna !" Je suis sûr qu'il m'a préparé un sale coup, un lit pourri et qu'il a piégé les tiroirs."
Je n'avais pas pensé aux tiroirs...
Ils atteignaient le deuxième étage, Jean s'apprêtait à sonner quand il a dit d'une voix glaciale :
"Mon pauvre Frédéric... Cela m'étonnerait beaucoup de la part d'Alexandre. Je le connais. Je parle souvent de lui avec Élisabeth.

C'est un garçon fin et intelligent. Il est incapable de mesquineries pareilles. En revanche, je vois que tu n'as eu aucun mal à les imaginer..."
Frédéric n'osait visiblement pas renchérir, il a seulement bougonné :
"Mmmmm, je leur parlerai pas, à elle non plus..."
J'ai espéré un instant qu'il allait prendre une claque. C'est vrai, quoi, quand on pense comme ma mère se fatiguait pour lui faire plaisir à ce guignol !
Jean a sonné (sans lui donner de claque) et maman a ouvert, souriante.
"Entrez", a-t-elle chantonné.
Le chien a été le seul à accepter, Frédéric fixait le paillasson.
"Entre !"a tonné son père.
Pffft ! Il a disparu dans l'appartement. Maman s'est avancée sur le palier et ils sont tombés dans les bras l'un de l'autre. Ça faisait bizarre de les voir. Ils ont chuchoté des choses que je n'ai pas entendues et, soudain, Jean s'est écrié :
"Tout fait ! Je te dis, il m'a tout fait pour être en retard."
Maman a éclaté de rire.
"Le mien n'est pas mieux. Il se cache depuis une heure... Et attends de voir sa chambre ! Allez, courage ! On y va !"
Ils sont rentrés d'un même pas, mais, au moment de franchir le seuil, ma mère a ajouté :
"Ah, j'ai failli oublier... Évite les réflexions si tu trouves le dîner un peu salé."
Je suis rentré discrètement dans l'appartement. Je suis allé discrètement déplacer un peu l'étagère, ramasser les débris de l'ampoule. Pour le dîner, c'était trop tard.

Le lendemain matin, quand Lucien s'est précipité sur moi pour avoir sa dose de détails croustillants, je ne savais plus trop quoi dire. Je n'étais pas vraiment content, je n'étais plus vraiment énervé.
"Aloooors ? s'est écrié Lucien. Raconte ! Non mais, raconte ! C'était le bain de sang ?"
Il a été déçu, très déçu. Tout ce que j'ai trouvé à répondre, c'est :
"Ben... Le chien est cool..."

Tu sais, il n'y a pas qu'à toi que cela arrive

Les chiffres

Aujourd'hui, en France, un enfant sur treize a des parents séparés et un mariage sur trois se finit par un divorce.
Les parents qui se séparent se remettent parfois en couple. Les enfants doivent alors vivre avec un nouvel adulte : le beau-père ou la belle-mère.
Du coup, un enfant sur vingt vit dans une famille recomposée.

Des familles recomposées à l'ancienne
Jusqu'au XIXe siècle, il arrivait assez souvent que la mère meure en donnant naissance à son enfant car les femmes accouchaient chez elles et presque toujours sans médecin. Dans ce cas, le père devenu veuf se remariait et c'est sa nouvelle femme qui élevait l'enfant. C'était déjà une forme de famille recomposée.

Pauvre Cendrillon !
Orpheline de mère, elle est maltraitée par la nouvelle femme de son père, sa marâtre. De nos jours, on emploie rarement ce mot ancien pour désigner une belle-mère car il rappelle trop le cruel personnage des contes de fées.

Les temps changent
Mme Berri, institutrice en CM2 à Paris, raconte : "J'ai commencé à enseigner il y a trente ans, quand vos parents avaient votre âge. À l'époque, je n'avais qu'un ou deux enfants de parents divorcés dans ma classe. Maintenant, si je posais la question : "Y a-t-il des enfants dont les parents sont séparés ?", au moins dix élèves lèveraient le doigt."

et la vaisselle ?!
est-ce qu'on dit "parâtre" ?
CENDRILLON
choco

Le fils de mon beau-père ne sera jamais mon frère

Les mots

On ne peut pas être frères ou sœurs si on n'a pas de liens de sang.
Quand on a un parent en commun, on est demi-frères ou demi-sœurs.
Lorsqu'un homme et une femme ont déjà chacun des enfants de leur côté quand ils se marient, leurs enfants deviennent frères et sœurs "par alliance".
C'est compliqué de comprendre quelle est la place de chacun dans une famille recomposée, car on manque de mots pour désigner chaque personne.

La famille de l'orphelin
En anglais, une famille recomposée se dit *stepfamily*. Ce mot vient de l'ancien anglais *steop* qui signifie "orphelin". C'est une "famille de remplacement".

Pas de "beau-papa" ou de "belle-maman" !
La majorité des enfants appellent leur beau-père ou leur belle-mère par leur prénom.

Belle-mère ou belle-mère ?
En français, "belle-mère" désigne deux personnes différentes :
– pour un enfant de parents séparés, c'est la nouvelle femme de son père ;
– pour un homme marié, c'est la mère de sa femme.
En anglais, il y a deux mots bien distincts : *stepmother* et *mother in law* (*law*, "loi").

touche pas à mon frère!
??
hello
IKE

Alors, je vais changer de père ?

La filiation

En France, les parents d'un enfant sont l'homme et la femme qui ont fait inscrire leurs noms sur son acte de naissance à la mairie. Rien ne peut effacer ce lien de filiation. Le Code civil définit tous les droits et devoirs des parents. Il précise qu'ils les conservent même s'ils se séparent ou se remarient. Ils sont parents pour la vie.
Un enfant a besoin de s'identifier à un homme et à une femme pour devenir adulte. Quand il ne vit pas avec ses deux parents, un autre homme ou une autre femme peut jouer un rôle important et l'aider à grandir. Cette personne peut ou non habiter avec l'enfant.

Injustice ?
Si leur mère ou leur père meurt, les enfants ne restent pas toujours avec leur belle-mère ou leur beau-père, même s'il les a élevés. Pour l'instant, la loi ne dit rien sur les rapports entre les enfants et leurs beaux-parents. Le beau-père ou la belle-mère est considéré comme un étranger, car il n'a ni liens de sang ni liens devant la loi avec les enfants.

Dans les familles recomposées...
Un enfant peut être adopté par son beau-père ou sa belle-mère, à condition que ses deux parents biologiques soient d'accord.

Qui sont les parents de cet enfant ?
– L'homme et la femme qui lui ont donné naissance, ses parents biologiques ;
– Ceux dont les noms sont inscrits sur son acte de naissance, ses parents devant la loi ;
– Ceux qui l'élèvent et le nourrissent.

mon vrai père, il est plus grand que toi !

Et d'abord, on ne porte pas le même nom

Le nom de famille

L'acte de naissance indique le ou les prénoms qui sont donnés à l'enfant et son nom de famille, qu'il gardera toute sa vie, sauf dans des cas très particuliers. Si ses parents divorcent, l'enfant pourra porter, comme "nom d'usage", c'est-à-dire dans la vie quotidienne, les noms de ses deux parents accolés par un trait d'union. Si son beau-père l'adopte, l'enfant portera le nom de la personne qui l'a reconnu à la naissance et le nom de son beau-père accolés.
Quand on leur pose des questions sur leur nom, les enfants doivent parfois raconter toute l'histoire de leur famille... et ce n'est pas toujours simple !

Le livret de famille
À l'occasion du mariage ou de la naissance du premier enfant, la mairie donne au couple un livret de famille. On y inscrit les événements importants de la famille : mariage, naissances et décès. Quand on se remarie ou qu'on a des enfants avec une autre personne, on reçoit un deuxième livret pour son nouveau couple.

C'est le nom de mon patêr
Pour parler du nom de famille, on peut aussi dire le "patronyme". Patronyme vient du grec ancien *patrônumios* qui signifie "nom du père" (*patêr*, "père" et *onoma*, "nom").

Drôle de message !
"Bonjour ! Si vous voulez parler à une Laporte, des Dubois ou un Dupont, vous êtes au bon numéro... mais ils ne sont pas là !" C'est le répondeur rigolo d'une famille recomposée : il y a le nom de la mère, de ses enfants et du beau-père.

alors ma mère qui s'appelait encore Robin c'est-à-dire qui portait le nom de son premier mari qui n'était pas mon père qui s'appelle Martin comme son père qui s'appelle comme mon grand-père car ma grand-mère est née sous le nom de Rose donc ma mère qui elle était née Robert ne garda pas son nom en se mariant et

Le foyer

Une famille est un réseau de personnes liées par le sang ou devant la loi (par le mariage ou l'adoption par exemple). On peut aussi avoir une famille de cœur, c'est-à-dire apprécier des personnes avec qui on n'a pas de liens de parenté.
Le mot "foyer" désigne un lieu où une ou plusieurs personnes vivent "sous le même toit" sans être forcément de la même famille. Quand des parents se séparent, la famille se scinde en deux foyers : la maison du père et celle de la mère.

Un feu ou un lieu ?
Foyer vient du latin *focus*, qui signifie "feu" et "foyer".
Le foyer désigne la cheminée et le lieu où l'on vit. Pourquoi un seul mot ? Parce que, autrefois, il y avait une cheminée (le feu) par maison (le lieu). C'est pourquoi on dit de quelqu'un sans foyer qu'il est sans feu ni lieu.

Chacun chez soi
Sur la petite île de Tory, proche de l'Irlande, même quand un homme et une femme se marient, chacun reste vivre dans sa maison natale, avec ses parents.

Une maison pour tous
En Provence, au XIXe siècle, trois générations (les grands-parents, les parents et les petits-enfants) cohabitaient dans une maison, l'oustal, qui portait le nom de la famille.

je t'ai déjà dit que Jacques était ici comme chez lui

Il est sévère, ton beau-père ?

La culture familiale

Souvent, dans les familles recomposées, les uns et les autres n'ont pas les mêmes habitudes pour les repas, l'heure du coucher, la politesse et même la langue ou la religion. L'arrivée d'un beau-père ou d'une belle-mère, parfois avec ses enfants, fait entrer dans le foyer une nouvelle culture familiale. Chacun va devoir s'adapter un peu aux autres.
Et c'est difficile dans les deux sens, pour celui qui arrive et ne connaît pas la maison comme pour ceux qui doivent l'accueillir.

Arthur s'énerve...
"Quand je vais chez mon père, je dois me coucher à la même heure que le fils de ma belle-mère, alors que j'ai trois ans de plus que lui : c'est pas juste !"

Frère ou beau-père ?
"Mon beau-père, il a seulement dix ans de plus que moi ; alors, dans les magasins, on le prend pour mon grand frère, dit Hugo qui a quatorze ans. Ce qui est bien, c'est qu'il connaît la musique que j'écoute. Et puis, il me donne des conseils, pas des ordres."

La colère peut avoir du bon
Alors qu'il n'a que sept ans, le petit Charles Baudelaire doit accepter le nouveau mari de sa mère, un militaire sans souplesse. Il est finalement envoyé en pension. C'est peut-être ce premier sentiment de révolte et d'injustice qui le poussa à écrire. Baudelaire est un très grand poète français du XIXe siècle.

nous prendrons l'habitude de dîner à 19 h 10 précises
ce soir menu unique : soupe d'algues vertes (mon plat préféré)

Ce n'est pas ton père, tu n'as pas à lui obéir

L'autorité parentale

Les parents doivent assurer la sécurité, la santé et l'éducation de leur enfant en le surveillant et en prenant pour lui les décisions importantes. On appelle ce pouvoir l'autorité parentale.
Même divorcés, les deux parents prennent ensemble les grandes décisions. Le beau-père n'a pas, selon la loi, cette autorité sur l'enfant. Mais, comme tout adulte est responsable de l'enfant qui est sous sa surveillance, il doit lui faire respecter certaines règles pour éviter qu'il ne se mette en danger, qu'il ne mette en danger d'autres personnes ou qu'il ne fasse quelque chose de contraire à la loi, par exemple.

Quand est-ce qu'on est adulte ?
En France, un enfant est mineur et soumis à l'autorité parentale jusqu'à ses dix-huit ans. Les parents peuvent demander au juge que leur enfant soit émancipé à seize ans, c'est-à-dire considéré comme majeur.

C'est la faute à qui ?
En jouant au foot, Gaëtan a cassé une vitre des voisins. Qui va payer ?
Quand un mineur cause un accident, ses parents en sont responsables. Leur assurance doit rembourser les dégâts.

Le pater familias
Dans l'Antiquité, le père de famille romain avait un pouvoir absolu sur ses enfants, il pouvait les vendre comme esclaves ou même les tuer.
Dans la mythologie romaine, Jupiter, le roi des dieux, était appelé le *pater omnipotens*, ce qui signifie à la fois "père tout-puissant" et "dieu tout-puissant".

Seule ma maman
a le droit de
me dire
d'arrêter !

Moi, mon beau-père, je ne l'aime pas

Le respect

Il n'existe aucune loi ni aucune potion magique qui oblige un être humain à en aimer un autre. L'amour est un sentiment que l'on ne peut pas commander. On n'est pas obligé d'aimer ses parents, cependant la loi indique que "l'enfant à tout âge doit honneur et respect à ses père et mère". Les textes de loi n'abordent pas la question des beaux-parents. Pour bien vivre ensemble, chacun doit respecter l'autre et réciproquement. La Déclaration universelle des droits de l'homme explique que respecter quelqu'un, c'est respecter sa vie, sa liberté, sa sécurité et son bien-être.

La Déclaration universelle des droits de l'homme
Après la Seconde Guerre mondiale, en 1948, différents pays du monde ont rédigé ce texte qui dit les droits de tout être humain, quels que soient son sexe, son âge, son pays d'origine ou sa religion. Les pays qui ont signé la Déclaration se sont engagés à la respecter ; malheureusement, ce n'est pas toujours vrai.

Des tables de la Loi au Code civil
La Bible raconte que les dix premières lois ont été révélées par Dieu à Moïse, et gravées sur la pierre. Un de ces dix commandements est : "Honore ton père et ta mère", et on le retrouve de nos jours, sous une autre forme, dans la loi française.

La loi n'oblige pas les parents à aimer leurs enfants, mais ils doivent s'occuper d'eux
Si une mère ou un père divorcé ne se préoccupe plus de son enfant, il peut être condamné par la justice.

À BAS
LES
BEAUX-PÈRES
Déclaration
Universelle
des Droits
de l'Homme
1
2
3

Pourquoi tu ne pars pas chez ton père ?

Le rôle du juge

Quand un enfant rencontre un problème chez lui, il doit en parler à ses parents. S'il n'y arrive pas, il peut s'adresser à un autre adulte qui pourra le conseiller : enseignant, assistante sociale, éducateur, animateur ou pédiatre.
En cas de grave difficulté, quand l'enfant ne s'entend pas du tout avec sa famille ou qu'il est maltraité, l'affaire est confiée au juge des enfants. C'est son métier de discuter avec l'enfant et ses parents et de prendre des décisions pour que cela se passe mieux entre eux, ou pour que l'enfant soit protégé.

À l'adolescence, on déménage !
Vers quinze ans, un enfant sur quatre habitant chez sa mère depuis le divorce de ses parents veut aller vivre chez son père.

J'ai le droit ?
La loi dit : "L'enfant ne peut, sans permission des père et mère, quitter la maison familiale." Si un enfant de parents divorcés veut changer de foyer, le juge des enfants va contacter le juge des affaires familiales (qui s'occupe des divorces) pour essayer de régler le problème.

S.O.S.
Quand un jeune a besoin d'aide, il peut téléphoner, sans être obligé de donner son nom, à des associations qui pourront l'écouter et le conseiller. Leurs numéros de téléphone sont notés dans le dossier, page 44.

Allo ?
mon nom ne vous dira rien mais je dois vous signaler un problème grave dans un foyer.

En plus, c'est ma mère qui paye tout !

L'obligation alimentaire

La loi impose aux parents l'obligation de nourrir, d'entretenir et d'élever leurs enfants jusqu'à ce qu'ils puissent gagner leur vie. Même s'ils se séparent, les deux parents continuent de payer pour leur enfant. L'un des deux verse une somme d'argent, la pension alimentaire, à celui chez qui habite l'enfant.
En revanche, le beau-père ou la belle-mère n'est pas obligé d'entretenir ses beaux-enfants.

À charge de revanche !
La loi prévoit que, une fois qu'ils gagnent leur vie, les enfants doivent également aider leurs parents ou grands-parents s'ils sont dans le besoin. Et parfois même leur beau-père ou leur belle-mère quand ceux-ci ont participé à leur entretien.

Histoire de tirelire
Zoé raconte : "J'en ai assez, car le fils de ma belle-mère a beaucoup plus d'argent de poche que moi. Quand il passe le week-end avec son père, il ramène toujours plein de nouvelles affaires et de jeux dans son sac."

Question d'argent
Certains parents sont en conflit à propos du paiement de la pension alimentaire. D'après une enquête en 1990, 87 % des pensions alimentaires sont payées par les pères ou mères. 67 % seulement le sont de manière régulière.

9500 €
mon père a dit : "pour ça, demande à ton beau-père".
alors, tu me l'achètes ?
LOVE ME

LES LIVRES

Dans les contes de fées, on rencontrait beaucoup de cruelles marâtres.

« Il était une fois un Gentilhomme qui épousa en secondes noces une femme, la plus hautaine et la plus fière qu'on n'eût jamais vue.
[...]
Le Mari avait de son côté une jeune fille, mais d'une douceur et d'une bonté sans exemple ; elle tenait cela de sa Mère, qui était la meilleure personne du monde. Les noces ne furent pas plus tôt faites, que la Belle-mère fit éclater sa mauvaise humeur ; elle ne put souffrir les bonnes qualités de cette jeune enfant. [...] Elle la chargea des plus viles occupations de la Maison... »

• Charles Perrault, *Cendrillon*, Gallimard.

Dans les premiers livres pour enfants, le personnage de la belle-mère n'était pas toujours très sympathique...

À quatre ans, Sophie avait perdu sa mère dans un naufrage ; son père se remaria et mourut aussi peu de temps après ; Sophie resta avec sa belle-mère, Mme Fichini. Elle s'adressait à Sophie d'une voix dure :
« "Qu'est-ce que j'apprends, mademoiselle ? Vous avez sali, perdu votre jolie robe en vous laissant sottement tomber dans la mare ! Attendez, j'apporte de quoi vous rendre plus soigneuse à l'avenir."
[...] Elle tira de son châle une forte verge, s'élança sur Sophie et la fouetta à bras redoublé, malgré les cris de la pauvre petite... »

• Comtesse de Ségur, *Les Petites Filles modèles*, Gallimard.

Et les beaux-pères n'étaient pas plus chaleureux.

Dans l'Angleterre du XIXe siècle, David Copperfield, orphelin de père, est obligé d'emménager chez le nouveau mari de sa mère, M. Murdstone. Son beau-père l'accueille froidement et se met à le rabrouer parce qu'il est au bord des larmes.

« Dieu m'est témoin qu'en ce moment un mot de tendresse aurait pu me rendre meilleur pour toute ma vie, peut-être faire de moi une autre créature. En m'encourageant et [...] en m'assurant que j'étais le bienvenu, et que la maison de ma mère serait toujours mon chez-moi, M. Murdstone aurait pu attirer à lui mon cœur au lieu de s'assurer une obéissance hypocrite. Au lieu de le haïr, j'aurais pu le respecter. »

• Charles Dickens, *David Copperfield*, Hachette.

Les romans d'aujourd'hui mettent en scène les familles recomposées avec plus d'humour. Quand on doit rencontrer son beau-père ou sa belle-mère pour la première fois, on se pose tellement de questions !

Anna raconte son histoire : sa mère est morte en donnant naissance à son petit frère, Caleb. Leur père décide de mettre une annonce pour trouver une femme. Il reçoit une réponse de Sarah, qui écrit qu'elle est "grande et pas belle", mais qu'elle veut bien venir faire leur connaissance.

« "Tu crois qu'elle viendra ? demanda Caleb. Est-ce qu'elle restera ? Et si elle nous trouve bruyants et insupportables ?

– Tu es bruyant et insupportable", dis-je.

Mais j'étais inquiète moi aussi. »

• Patricia MacLachlan, *Sarah la pas belle*, Gallimard.

Ce n'est pas évident d'accepter l'arrivée d'un beau-père ou d'une belle-mère à la maison.

“ [...] Je réalise qu'Aldo, un étranger (Je veux dire quelqu'un que je ne connaissais pas il y a une heure.), est assis avec nous, chez nous, tout ça parce que, ce matin, dans un élan de générosité, j'ai dit à ma mère que j'acceptais ce remariage. [...]
Quand je pense qu'un gamin que je ne connais même pas va venir s'installer au milieu de mes meubles, tout ça parce que ma mère a décidé de se remarier avec un type qui a déjà quatre enfants ! ”
• Marie-Sophie Vermot, *Quatre de trop*, Flammarion.

Ce n'est pas toujours facile de cohabiter avec tous les membres de la famille.

“ Je me suis réfugiée dans ma chambre en les maudissant tous, ma mère, mon père, mon beau-père Abraham et ma belle-mère Leïla. Et par-dessus tout mon frère Antoine, bien sûr. Depuis qu'il est né celui-là, tout va de mal en pis. Il va bientôt avoir huit ans et je ne me suis toujours pas habituée à sa présence. La plupart des gens aiment les membres de leur famille. Je me demande bien ce qu'ils peuvent leur trouver. Pensez-vous que la famille me simplifie la vie, à moi ? Eh bien non, pas du tout. Elle me donne des boutons, à force. ”
• Marie Desplechin, *Dis-moi tout !*, Bayard Éditions.

Les familles recomposées, ça pose des problèmes de vocabulaire !

“ [...] Il faut que j'explique que ma maman vit avec un autre monsieur et mon papa avec une autre dame, et à partir de là cela devient très compliqué. Le monsieur avec lequel ma maman habite... La dame avec laquelle mon papa habite... [...] Sans ma mère, je n'aurais jamais pu m'en sortir. [...] Elle m'a dit très posément : "Désormais, quand tu voudras parler de Daniel, tu diras : mon beau-père."

Beau ? Beau, Daniel ? Daniel est un type très bien, mais il n'a plus de cheveux sur le haut du crâne [...] De toute façon, il est moins beau que mon père. [...] Mais si Zipo et Pozi [...] sont mes demi-frères, ne devrait-on pas dire que Daniel est mon demi-père et Juliette ma demi-mère ? ”

• Pierrette Fleutiaux, *Mon frère au degré X*, L'École des Loisirs.

Heureusement, dans certaines histoires, tout est bien qui finit bien : chacun arrive à trouver sa place dans la nouvelle famille.

Après le divorce de ses parents, Bastien a dû supporter une "belle-doche" affreuse, qui heureusement a quitté son père. Il se croyait débarrassé des belles-mères pour toujours... mais, à son retour de vacances, une drôle de surprise l'attendait dans sa chambre.

“ [...] Un tout petit garçon, tout blond, qui s'amusait.
À la place de mon lit, deux lits superposés. Et dans la chambre deux bureaux, deux étagères, deux tout.
– Je te présente Antoine, m'a dit papa. [...] Antoine sera un peu ton petit frère maintenant.
J'ai compris aussitôt. Dans ma tête, j'ai pensé : "Et une nouvelle belle-doche, une..."
Le soir, Bastien et Antoine passent leur première nuit dans les lits superposés.
"Antoine, tu dors ?
– Non. J'arrive pas.
– Moi non plus. T'inquiète pas, demain on jouera. Tu veux ? [...]
– D'accord."
J'ai descendu ma main. Il l'a serrée. Et tous les deux, cette nuit-là, on s'est endormis très tard. On s'était faits frères. ”

• Claude Gutman, *La Folle Cavale de Toufdepoil*, Bordas.

LA LOI SE DISCUTE

• • • Frères et sœurs ne veulent pas être séparés

Frères et sœurs ne veulent pas être séparés : les députés juniors viennent à la rescousse !
Depuis le 30 décembre 1996, il y a un nouvel article de loi dans le Code civil qui dit : "L'enfant ne doit pas être séparé de ses frères et sœurs, sauf si cela n'est pas possible."
Et ce sont des enfants qui ont proposé cette loi !

Quand les enfants ne peuvent plus vivre avec leurs parents (parce qu'ils sont décédés ou qu'ils ne peuvent plus s'en occuper pour des raisons graves), c'est un juge qui doit décider où les enfants vont habiter : chez un autre membre de la famille, dans une famille d'accueil ou dans un foyer éducatif. Lorsque les parents divorcent, ils veulent parfois se partager les enfants. Avant, dans ces deux situations, les frères et sœurs d'une même famille risquaient d'être séparés, alors qu'ils préféraient rester ensemble.

Comme c'est arrivé à des enfants de leur école, les élèves d'un CM2 de Limeil-Brévannes, près de Paris, ont eu l'idée de présenter au Parlement des enfants une proposition de loi pour empêcher la séparation des frères et sœurs.

Au Parlement des enfants de 1996, Pauline a présenté la proposition de loi de sa classe :
"Ce sujet concerne les enfants que nous sommes. Certains enfants de notre école ont été placés temporairement et d'autres pourraient l'être. Nous voulons permettre aux frères et sœurs de ne plus être séparés. Il serait normal que les frères et sœurs vivent ensemble s'ils le désirent, car ils s'aiment et sont malheureux d'être séparés. Nous voudrions que cette loi rende les enfants plus heureux, qu'elle atténue leur douleur d'être séparés de leur famille."
Ensuite, cette proposition a été examinée par les députés adultes puis par les sénateurs, ces deux assemblées qui discutent et votent les lois en France.

Les enfants proposent une loi

Le Parlement des enfants, comment ça fonctionne ?

Le Parlement des enfants, comment ça fonctionne ?
Comme les députés, les enfants peuvent intervenir pour faire adopter de nouvelles lois à l'occasion du Parlement des enfants, qui se tient une fois par an, au mois de juin, à l'Assemblée nationale, depuis 1995.

Dans chacune des 577 circonscriptions électorales de France, dès la rentrée, les élèves d'un CM2 travaillent avec leur enseignant pour préparer une proposition de loi. Un jury d'adultes (journalistes, professionnels de l'éducation) en choisit 10 sur les 577.
Par exemple, en 1996, dans les 10 textes retenus, les enfants proposaient entre autres :

- d'ouvrir plus de lieux d'accueil pour les personnes sans abri ;
- d'aménager de nouvelles pistes cyclables ;
- de mieux protéger le littoral et la mer ;
- de ne pas séparer les frères et sœurs lors d'un placement en foyer ou famille d'accueil.

Chaque classe élit l'élève qui va la représenter et, le jour du Parlement des enfants, les 577 députés juniors se retrouvent dans l'hémicycle. Le matin, ils discutent par petits groupes de chacune des dix propositions, avec l'aide d'un député adulte. Et l'après-midi, ils votent pour celle qui leur semble la plus intéressante. En 1996, c'est la proposition de loi sur les frères et sœurs qui a obtenu le plus de voix : 158 sur 574 (trois députés juniors n'ont pas voté).

Les députés juniors viennent de tous les territoires français, même d'outre-mer, certains ont dû parcourir 20 000 kilomètres (la moitié du tour de la Terre !) pour venir à l'Assemblée nationale.

Les enfants s'intéressent beaucoup aux problèmes de la famille : en 1997, les députés juniors proposaient que les juges écoutent l'avis des enfants orphelins pour décider où ils vont vivre après le décès de leurs parents.

Si tu veux savoir comment se passent les séances de l'Assemblée nationale, tu peux regarder France 3 les mardi et mercredi après-midi de 15 h à 16 h, car les débats sont filmés.

LA LOI BOUGE

Mariés pour la vie ? 1792 | 1999 Le PACS

Mariés pour la vie ?

Du Moyen Âge à la Révolution, on se mariait uniquement à l'église. Et, la religion catholique interdisant le divorce, on se mariait souvent pour la vie.
Après la Révolution, dès 1792, on n'est plus obligé de se marier à l'église, on peut également se marier à la maison commune, qui est l'ancêtre de la mairie.
Le mariage est un contrat entre un homme et une femme qui s'engagent à respecter certaines lois sur les relations entre époux. Ils peuvent rompre ce contrat s'ils le désirent en divorçant.

C'est après la Révolution qu'on commence à noter les naissances, les mariages et les décès dans les registres d'état civil, à la mairie.

De nos jours, de plus en plus de couples vivent ensemble ou fondent une famille sans vouloir se marier. On dit qu'ils sont concubins. Un enfant sur trois naît de parents qui ne sont pas mariés.

Le PACS

On a beaucoup entendu ce mot dans les journaux télévisés récemment, car le PACS n'existe que depuis novembre 1999.
En fait, ce sigle signifie "pacte civil de solidarité". C'est un contrat que peuvent passer deux personnes qui veulent vivre ensemble, mais qui ne veulent ou ne peuvent pas se marier.
Qui peut se "pacser" ? Deux personnes majeures, de sexe différent ou de même sexe, mais qui n'ont pas de liens de sang et qui ne sont pas déjà mariées ou "pacsées" avec quelqu'un d'autre.
Les personnes qui signent ce pacte ont alors des droits et des devoirs l'une envers l'autre. Par exemple, elles doivent s'entraider financièrement pour payer le logement, la nourriture, etc.

Mariage d'amour ou de raison ?

Ce n'est que depuis le début du XXe siècle que les couples se marient surtout par amour. Avant, et c'est encore le cas dans de nombreux pays, les mariages étaient souvent arrangés pour des questions d'argent. Dans les familles les plus riches, on s'épousait pour enrichir le patrimoine ; dans les familles plus modestes, le mariage permettait de vivre dans de meilleures conditions, en étant deux à travailler aux champs, par exemple.

Des lois pour régler les relations entre les personnes

À la fin du XVIIIe siècle, sous Napoléon, les hommes du gouvernement réfléchissent beaucoup sur les lois. Ils discutent et décident d'écrire un recueil de lois qui dit ce qui est permis et interdit pour chaque Français : ce livre s'appelle le Code civil.
Il a été souvent modifié depuis 1804, mais il sert toujours de référence aux juges et aux avocats.
C'est dans ce livre que l'on trouve les lois sur le mariage, le divorce, l'adoption, les relations entre parents et enfants.

En 1804, le livre I du Code civil, "Des personnes", comptait 309 articles. Aujourd'hui, il y en a 603 !

Il n'existe pas encore beaucoup de lois qui règlent les relations entre les personnes dans les familles recomposées.

La loi parle des enfants, des parents et même, depuis peu, des grands-parents, mais rarement du beau-père et de la belle-mère. Mais comme les divorces et les remariages sont de plus en plus fréquents, il va sans doute falloir modifier les lois pour tenir compte de ce type de familles.

L'EUROPE

Différentes lois sur la famille et les enfants en Europe

En Europe, les familles ont beaucoup changé depuis 1960.
On compte aujourd'hui quatre fois plus de divorces qu'il y a quarante ans et également beaucoup plus de remariages. Il y a moins de mariages, car de nombreux couples décident de vivre ensemble et d'avoir des enfants sans se marier.
Mais on remarque que dans les pays où la religion tient une grande place (Italie, Espagne, Grèce, Irlande), il y a moins de divorces et plus de mariages que dans les autres.
Dans les pays où il y a le plus de divorces (Danemark, Finlande, Suède et Grande-Bretagne), ce n'est pas parce que les hommes et les femmes s'entendent moins bien qu'ailleurs, mais parce que le divorce est mieux accepté.

Allemagne | Danemark | Espagne | Grande-Bretagne

Allemagne
Lorsqu'on se marie, on doit choisir comme "nom de mariage" soit le nom du mari soit celui de la femme. Ce sera le nom de famille des enfants.

Danemark
C'est un des pays d'Europe où l'on divorce le plus. Du coup, la loi prend en compte les familles recomposées : si une mère se marie avec un autre homme que le père de son enfant, le beau-père peut demander que cet enfant porte son nom.

Espagne
En Espagne, chacun porte deux noms de famille accolés avec un trait d'union : le premier nom de son père et le premier nom de sa mère. Le père de Maria s'appelle Juan Rubio-Martinez et sa mère Carmen Montes-Castro, son nom sera donc Maria Rubio-Montes, un nom à rallonge !

Grande-Bretagne

Quand un enfant rencontre un problème dans sa famille, il peut contacter directement le juge pour lui demander de changer la personne qui a l'autorité parentale.

Italie

L'autorisation du divorce est récente (1974), et les divorces sont beaucoup moins nombreux qu'en France. La loi précise que la garde de tous les frères et sœurs doit être confiée au même parent pour ne pas les séparer.

Pays-Bas

À partir de douze ans, un enfant peut écrire ou téléphoner au juge pour lui demander, par exemple, de modifier le droit de visite de son père ou de sa mère.

Portugal

C'est le pays d'Europe où l'on se marie le plus parce que beaucoup de Portugais sont catholiques, mais aussi parce que de nombreux émigrés choisissent souvent de revenir au Portugal pour célébrer leur mariage.

Irlande

En 1995, les habitants de l'Irlande ont organisé un référendum pour ou contre le divorce. Divorcer était jusque-là interdit car dans ce pays beaucoup de gens sont catholiques. Finalement, les résultats du vote ont été très serrés, et le "oui au divorce" ne l'a emporté que de quelques voix.

Suède

C'est le pays d'Europe où l'on se marie le moins. Les couples préfèrent vivre ensemble sans être mariés, en concubinage.

Suisse

Comme en Italie, la loi précise que le juge doit essayer de ne pas séparer les frères et les sœurs après le divorce.

LE MONDE

"Il n'y a pas sur terre deux États qui aient le même droit."

Jean Pradel, professeur de droit

Comment s'organisent les familles dans les autres pays du monde ?
Il existe dans la plupart des pays des lois sur la famille qui disent, comme en France, comment on peut se marier ou divorcer.
Mais pour régler les problèmes de famille, tous les hommes ne suivent pas les mêmes règles. Il y en a qui suivent plutôt les habitudes de leurs ancêtres, comme dans certains villages d'Afrique ou d'Asie. D'autres obéissent aux lois de leur pays mais aussi aux règles de leur religion.
Enfin, dans certains pays, on ne suit que la loi religieuse.

Loi religieuse musulmane

Selon la loi religieuse musulmane, la charia, un homme peut chasser sa femme par une simple phrase : "Tu n'es plus ma femme."
Il peut ainsi la reprendre et la chasser trois fois de suite. Après, ils sont vraiment divorcés.
En Algérie, par exemple, cela crée des situations dramatiques car la mère et ses enfants se retrouvent à la rue s'ils ne sont pas recueillis par un autre homme ou par la famille de la mère.

Loi religieuse juive (Israël)

Lorsque des personnes de religion juive divorcent, la loi religieuse interdit à la femme de se remarier tant que son ex-mari ne lui a pas donné une lettre affirmant qu'elle n'est plus sa femme.

Inde

Selon une coutume ancienne, une femme veuve doit être brûlée vive en même temps que le corps de son mari. La loi indienne l'interdit, mais cela arrive encore parfois.

Dans la tribu najar, en Inde, la mère vit dans la maison de son frère avec les enfants qu'elle a eus de différents hommes. Les pères ont juste un "droit de visite" pour voir leurs enfants chez leur oncle maternel.

Burkina-Faso (Afrique)

Dans les villages qui suivent les coutumes des ancêtres, un homme qui a plusieurs femmes et de nombreux enfants est considéré comme riche et puissant. La femme est une richesse, car elle permet d'agrandir la famille. Dans de nombreuses régions, si son mari meurt, la femme est donnée en héritage au frère de son mari.

Chez le peuple Mosi, au Burkina-Faso, un homme a plusieurs épouses. Les enfants appellent "mère" toutes les femmes de leur père. Mais il existe trois mots différents pour "la mère qui m'a porté", "la mère qui m'a allaité" et "la mère qui m'éduque".

Chine

La loi précise que les droits et devoirs entre un beau-père ou une belle-mère et l'enfant de son conjoint sont les mêmes qu'entre parents et enfants.

Japon

Comme en Chine, le mariage n'est pas sacré. On se marie et on divorce de la même façon, en faisant enregistrer sa décision par l'officier d'état civil avec deux témoins. Il y a jugement seulement si l'homme et la femme qui se séparent n'arrivent pas à trouver un accord.

États-Unis

Certains couples choisissent de signer un contrat de mariage très précis. Ils indiquent par exemple qui fera la vaisselle, quelle marque de voiture ils achèteront, quand et où ils partiront en vacances... et s'engagent à le respecter dans les moindres détails. Ils pensent ainsi éviter les disputes et le divorce !

ADRESSES

Voici où se renseigner pour continuer des recherches…

Se renseigner sur ses droits

ANTENNE DES MINEURS DU BARREAU DE PARIS
01 40 51 77 67
Permanence du lundi au vendredi de 14 h à 17 h. Des avocats sont à ton écoute. Ils répondent aux questions des mineurs sur la justice et les lois. Pour connaître et faire respecter leurs droits, tous les jeunes peuvent appeler, sans donner leur nom, qu'ils aient commis un délit ou en aient été victimes. Ces avocats peuvent aussi défendre gratuitement les mineurs sur Paris. En province, il faut s'adresser à l'ordre des avocats, à la mairie de ta ville.

SERVICE DU DROIT DES JEUNES DE LILLE
1, rue Saint-Genois,
59800 Lille
03 20 51 38 11
Permanence téléphonique et physique du lundi au vendredi de 14 h à 18 h. Tu peux contacter ce service si tu habites dans le Nord.

En cas de problèmes

FIL SANTÉ JEUNES
0 800 235 236
Appel anonyme et gratuit d'un poste fixe de toute la France, tous les jours de 8 h à minuit.
Si tu rencontres un problème dans ta famille, avec tes amis ou à l'école, si tu te poses des questions dont tu n'oses pas parler à ton entourage...
Tu pourras parler à des adultes qui connaissent bien les difficultés des jeunes et les orientent vers des personnes qui peuvent les aider (médecins, assistantes sociales...).

CROIX-ROUGE ÉCOUTE
0 800 858 858
Appel anonyme et gratuit d'un poste fixe de toute la France, du lundi au vendredi de 10 h à 22h.
Si tu ne te sens pas bien, que tu as envie de discuter de n'importe quel sujet avec un adulte sans être gêné, tu pourras parler à quelqu'un sans donner ton nom.

ALLÔ ENFANCE MALTRAITÉE
119 (numéro vert)
Appel anonyme et gratuit d'un poste fixe dans toute la France, 7 jours sur 7, 24 heures sur 24. Si tu es victime de violences dans ta famille ou ailleurs, ou que tu penses qu'un enfant que tu connais est maltraité, et que tu ne sais pas quoi faire, des adultes qui ont l'habitude de ce genre de problèmes pourront t'écouter et te conseiller.

Se documenter sur les droits de l'homme et de l'enfant

Sur Internet, trois sites sur les droits de l'enfant spécialement conçus pour les jeunes, une vraie mine d'infos, de docs et de jeux !
www.jailedroit.net
www.droitsenfant.com

www.perso.wanadoo.fr/
droit.enfant

AMNESTY INTERNATIONAL
76, boulevard de la Villette, 75019 Paris
01 53 38 65 65
On y trouve le texte de la Déclaration universelle des droits de l'homme de 1948; il est gratuit, mais c'est un texte juridique, donc difficile à lire.

UNICEF
Centre de documentation
3, rue Duguay-Trouin, 75282 Paris Cedex 06
01 44 39 77 26
On pourra te renseigner de 14 h à 17 h sur les droits des enfants dans le monde.
Tu peux y consulter le texte de la Convention des droits de l'enfant, mais il est difficile à lire.
Demande plutôt la revue BTJ sur les droits de l'enfant qui a été écrite spécialement pour les 8-12 ans.
http://www.unicef.org/french

Se documenter sur les lois et les institutions

MINISTÈRE DE LA JUSTICE
SICOM
13, place Vendôme, 75001 Paris
01 44 77 60 60
On y trouve : *Les 200 mots clés de la justice, À quel tribunal s'adresser ?, L'Organisation de la justice en France, La Justice des mineurs.*
Ces brochures sont gratuites.

ASSEMBLÉE NATIONALE
Service de documentation de l'Assemblée nationale,
126, rue de l'Université, 75007 Paris
01 40 63 69 82
http://www.assemblee-nationale.fr
On y trouve une petite BD, *J'ai visité l'Assemblée nationale* et des brochures : *La Séance publique, Un député pour quoi faire ?, Le Petit Guide du téléspectateur parlementaire*, etc.
C'est gratuit.

SÉNAT
Espace librairie du Sénat
20, rue de Vaugirard
75291 Paris Cedex 06
01 42 34 21 21
http://www.junior.senat.fr
(site spécial pour les jeunes)
Le Sénat est l'endroit où votent les sénateurs, qui s'occupent des lois avec les députés.
On y trouve deux brochures gratuites sur le Sénat et les sénateurs, et, pour 10 francs, une brochure plus complète intitulée *Le Sénat, ouverture sur la vie.*

Des livres pour approfondir ses connaissances

Les Droits des jeunes, Sylviane Baudois, éditions Milan, 1996.
Miniguide de la justice, Centre de vulgarisation de la connaissance, éditions Milan, 1996.

LEXIQUE

Que veulent dire ces mots ?

A B C D E F G H I

A

Acte de naissance : ce document est établi à la mairie lorsque les parents déclarent la naissance de leur enfant. Il mentionne l'identité des parents, les prénoms et le nom de famille de l'enfant, le jour et l'endroit où il est né.

Anonyme : quelqu'un reste anonyme quand il ne donne pas son nom, ni son identité.

Assemblée nationale : ce bâtiment imposant avec des colonnes est situé à Paris, au bord de la Seine. Il abrite l'hémicycle où se réunissent les députés pour discuter et voter les lois.

Avocat : son métier est d'aider les gens à se défendre (accusé ou victime qui participent à un jugement).

B

Bible : un livre sacré pour les chrétiens et les juifs, qui pensent que ces textes ont été révélés par Dieu aux hommes pour leur donner des règles de vie.

C

Civil : qui concerne les citoyens, c'est-à-dire les habitants du pays.

Circonscription électorale : la France est divisée géographiquement en 577 circonscriptions électorales qui élisent chacune un député.

Code civil : ce livre regroupe tous les textes des lois (les articles de loi) qui règlent les relations entre les citoyens.

Culture : les habitudes, les coutumes, les connaissances, la religion et la langue d'une personne ou d'un groupe de personnes.

Convention internationale des droits de l'enfant : ce texte a eu dix ans le 20 novembre 1999. Il précise les droits essentiels de tous les enfants du monde dans leur famille, dans leur pays. Presque tous les États du monde l'ont signée et se sont engagés à adapter leurs lois pour la respecter. Ce n'est pas toujours le cas, il reste des progrès à faire...

D

Déclaration des droits de l'homme et du citoyen : elle a été rédigée en France, pendant la Révolution, en 1789. Ce texte a servi de point de départ à la rédaction de la Déclaration universelle des droits de l'homme de 1948, qui a été signée par de nombreux pays.

Délit : commettre un délit, c'est faire quelque chose qui est interdit la loi.

Députés : des personnes élues par les habitants d'un pays pour les représenter, à l'Assemblée nationale ou au Parlement européen par exemple. Ils discutent de nouvelles lois ou de lois anciennes qu'il faut changer, puis ils votent pour ou contre.

J K L M N O P Q...

E

Émigré : personne qui a quitté son pays pour aller vivre ailleurs.

État civil : c'est l'identité d'une personne, son nom, sa date et son lieu de naissance, sa filiation, qui sont inscrits sur son acte de naissance.

H

Hémicycle : à l'intérieur de l'Assemblée nationale, c'est une grande salle avec des gradins en demi-cercle, comme dans un théâtre antique, où les députés s'asseyent pour débattre du contenu des lois et pour les voter, grâce à de petits boîtiers électroniques.

J

Juge : il travaille dans un tribunal. Son métier est de décider qui a tort et qui a raison dans un conflit, en fonction des lois.

Juge des enfants : juge spécialisé pour essayer de régler les difficultés que rencontrent les enfants. Il contrôle la manière dont l'autorité parentale est exercée. S'il y a problème, il va chercher la meilleure solution pour l'enfant ; il peut demander à un éducateur d'aider la famille, par exemple. Un enfant peut écrire au juge des enfants pour qu'il intervienne dans un conflit.

Jugement : réunion au palais de justice où un juge doit décider qui a tort et qui a raison entre deux personnes qui sont en conflit.

L

Loi : ce texte écrit et voté par les hommes politiques du pays (par exemple les députés) dit ce qui est interdit ou autorisé, ainsi que les droits et les devoirs de chacun.

M

Majorité civile : en France, un enfant devient majeur à dix-huit ans. Il est alors considéré comme complètement responsable de ses actes. Plus jeune, il est mineur, sous l'autorité de ses parents.

Mythologie : ce sont des légendes que les hommes ont inventées pour raconter la création du monde ou pour expliquer les choses qu'ils ne comprenaient pas. Les personnages de ces histoires sont souvent des dieux ou des êtres merveilleux.

P

Parlement : c'est la réunion des personnes qui discutent et votent les lois (en France, les députés et les sénateurs).

T

Tables de la Loi : la Bible raconte que ce sont des tablettes de pierre sur lesquelles sont gravés les dix commandements (les lois les plus importantes) dictés par Dieu.

Nous remercions chaleureusement toutes les personnes qui ont soutenu le projet, qui l'ont relu, qui nous ont conseillées, et tout particulièrement Catherine Mattéi.